Paramahansa Jogananda
(1893 – 1952)

Wysłuchane modlitwy

Paramahansa Jogananda

Z serii „Jak żyć"

Tytuł oryginału w języku angielskim wydanego przez
Self-Realization Fellowship, Los Angeles (Kalifornia):
Answered Prayers

ISBN: 978-0-87612-388-1

Przekład na język polski: Self-Realization Fellowship

Copyright © 2024 Self-Realization Fellowship

Wszelkie prawa zastrzeżone. Z wyjątkiem krótkich cytatów w recenzjach, żadna część broszury *Wysłuchane modlitwy (Answered Prayers)* nie może być powielana, przechowywana, przesyłana ani rozpowszechniana w jakiejkolwiek formie, ani za pomocą jakichkolwiek środków (elektronicznych, mechanicznych lub innych) dostępnych obecnie lub w przyszłości – włącznie z systemem kopiowania, nagrywania lub jakimkolwiek innym, który umożliwia przechowywanie i odtwarzanie informacji – bez uprzedniej pisemnej zgody Self-Realization Fellowship, 3880 San Rafael Avenue, Los Angeles, California 90065-3219, USA.

 Wydanie autoryzowane przez International Publications Council of Self-Realization Fellowship

Nazwa i emblemat Self-Realization Fellowship (widoczny powyżej) widnieją na wszystkich książkach, nagraniach oraz innych publikacjach wydanych przez SRF i upewniają czytelnika, że są to oryginalne prace organizacji założonej przez Paramahansę Joganandę i że wiernie przekazują jego nauki.

Pierwsze wydanie w języku polskim, 2025
First edition in Polish, 2025
To wydanie, 2025
This printing, 2025

ISBN: 978-1-68568-242-2

1350-J8620

— ◆ —

*Istnieje Moc, która oświetli ci
drogę do zdrowia, szczęścia, pokoju i sukcesu,
jeśli tylko zwrócisz się ku temu Światłu.*

– Paramahansa Jogananda

— ◆ —

Wysłuchane modlitwy

PARAMAHANSA JOGANANDA

Wykład wygłoszony w Międzynarodowej Siedzibie Głównej Self-Realization Fellowship[1] w Los Angeles 19 października 1939 r.

Przyszedłszy na ten świat, nie wiadomo skąd, zastanawiamy się naturalnie nad pochodzeniem i celem życia. Słyszymy o Stwórcy, czytamy o Nim, ale nie znamy żadnego sposobu, jak się z Nim skontaktować. Wiemy tylko, że cały wszechświat obrazuje Jego inteligencję. Tak jak misterny mechanizm maleńkiego zegarka wzbudza nasz podziw dla zegarmistrza, a ogromne, skomplikowane maszyny w fabryce każą nam podziwiać ich wynalazcę, tak samo, gdy widzimy cuda przyrody, rodzi się w nas pełen szacunku podziw dla ukrytej za nimi inteligencji. Pytamy siebie: kto nadał kwiatu żywą postać, zwracającą się ku słońcu? Skąd biorą się jego zapach i piękno? Jak powstał doskonały kształt jego płatków, zabarwionych cudnymi kolorami?

W nocy gwiazdy i księżyc, rozsiewające wokół srebrzyste

---

1 Dosłownie tłumacząc – „Stowarzyszenie Samorealizacji". Paramahansa Jogananda wyjaśnił, że nazwa Self-Realization Fellowship oznacza „wspólnotę z Bogiem poprzez Samorealizację i przyjaźń ze wszystkimi poszukującymi prawdy duszami".

światło, skłaniają nas do refleksji nad inteligencją prowadzącą te ciała niebieskie po niebie. Delikatne światło księżyca jest niewystarczające do wykonywania codziennych zajęć. Dlatego życzliwa inteligencja podpowiada nam, abyśmy w nocy odpoczywali. Potem wstaje słońce i jego jasne światło sprawia, że jasno i wyraźnie patrzymy na świat wokół nas oraz na nasz obowiązek zaspokajania nękających nas potrzeb.

Istnieją dwa sposoby zaspokajania naszych potrzeb. Jeden jest materialny. Na przykład, kiedy jesteśmy chorzy, możemy udać się do lekarza i poddać się leczeniu. Ale przychodzi czas, kiedy wszelka ludzka pomoc jest bezsilna. Wtedy uciekamy się do drugiego sposobu, zwracając się do Duchowej Mocy – Stwórcy naszego ciała, umysłu i duszy. Moc na płaszczyźnie fizycznej jest ograniczona i gdy nas zawiedzie, zwracamy się do nieograniczonej Mocy Bożej. Podobnie jest z naszymi potrzebami finansowymi – kiedy uczyniliśmy wszystko, co możliwe, a to nadal okazuje się niedostateczne, zwracamy się do tej drugiej Mocy.

Wszyscy myślą, że ich problemy są najgorsze. Niektórzy czują, że gnębią ich one bardziej niż innych, ponieważ mają mniejszą odporność. Z powodu różnic w ich sile umysłu ludzie dysponują różną ilością energii. Gdy ktoś ma bardzo poważną trudność, a jego umysł jest słaby, nie uda mu się jej pokonać. Człowiek, którego umysł jest silny, zdołałby przełamać bariery tej trudności. Mimo to nawet najsilniejsi czasami ponoszą porażkę. Gdy przytłaczają nas problemy materialne, psychiczne lub duchowe, uświadamiamy sobie, jak bardzo ograniczone są siły życiowe w fizycznym świecie.

Powinniśmy zabiegać nie tylko o bezpieczeństwo finansowe i dobre zdrowie, lecz także poszukiwać sensu życia. O co w nim chodzi? Gdy spadają na nas kłopoty, to najpierw działamy w otoczeniu, wprowadzając wszelkie materialne zmiany, które według nas mogą pomóc. Gdy jednak dojdziemy do punktu, w którym przyznajemy: „Wszystko, czego dotąd próbowałem, zawiodło. Co robić dalej?", zaczynamy poważnie się zastanawiać nad rozwiązaniem. Jeśli zastanawiamy się wystarczająco głęboko, znajdujemy odpowiedź w sobie. Jest to jedna z form *wysłuchanej modlitwy*.

Modlitwa jest żądaniem duszy

Modlitwa jest żądaniem duszy. Bóg nie stworzył nas żebrakami. Stworzył nas na Swoje podobieństwo. Głoszą to Biblia i święte pisma hinduskie. Żebrak, który udaje się do domu bogacza i błaga o jałmużnę, otrzymuje żebraczy datek; natomiast syn może mieć wszystko, o co poprosi bogatego ojca. Dlatego nie powinniśmy się zachowywać jak żebracy. Boscy posłannicy, tacy jak Chrystus, Kryszna i Budda, nie kłamali mówiąc, że jesteśmy stworzeni na podobieństwo Boga.

A jednak widzimy, że niektórzy ludzie mają wszystko, pozornie są w czepku urodzeni, podczas gdy inni przyciągają jakby same niepowodzenia i kłopoty. Gdzież jest w nich podobieństwo do Boga? Moc Ducha drzemie w każdym z nas. Pytanie, jak ją rozwinąć. Jeśli będziecie postępować zgodnie z lekcją, jaką dostałem w moich doświadczeniach z Bogiem, z pewnością znajdziecie to, czego szukacie. W przeszłości czułeś się zapewne rozczarowany, że twoje modlitwy pozostawały bez odpowiedzi. Lecz nie trać wiary. Aby stwierdzić, czy twoje modlitwy działają, musisz mieć w umyśle zaczątek wiary w moc modlitwy.

Twoje modlitwy mogły pozostawać bez odpowiedzi, bo postanowiłeś być żebrakiem. Powinieneś także wiedzieć, o co możesz zgodnie z prawem prosić swego Niebiańskiego Ojca. Możesz modlić się z całego serca i mocy o to, aby posiąść Ziemię, lecz twoja modlitwa nie zostanie wysłuchana, ponieważ wszelkie modlitwy dotyczące życia materialnego są ograniczone. Muszą być. Bóg nie złamie Swoich praw, aby spełnić kapryśne pragnienia. Istnieje jednak właściwy sposób modlenia się. Mówi się, że kot ma dziewięć żywotów; trudności mają ich dziewięćdziesiąt dziewięć! Musisz znaleźć jedną pewną metodę zabicia kota trudności. Sekret skutecznej modlitwy polega na zmianie swojego statusu żebraka na status dziecka Boga. Gdy będziesz się do Niego zwracał z tą świadomością, twoja modlitwa będzie potężna i mądra.

Zalążek sukcesu tkwi w sile woli

Większość ludzi, starając się dokonać czegoś, co bardzo wiele dla nich znaczy, nadzwyczaj się denerwuje czy spina. Działając niespokojnie, nerwowo, nie czerpiemy z mocy Bożej; natomiast stała, spokojna, potężna moc woli wstrząsa siłami wszechświata i przynosi odpowiedź z Nieskończoności. Zalążek sukcesu we wszystkim, co chcesz osiągnąć, tkwi w sile woli. Wola, która została mocno nadwyrężona w walce z trudnościami, ulega tymczasowemu paraliżowi. Nieugięty człowiek, który mówi: „Można złamać moje ciało, lecz nie można złamać mojej woli", wykazuje się najsilniejszą wolą.

Siła woli jest tym, co czyni cię boskim. Kiedy rezygnujesz z używania woli, stajesz się zwykłym śmiertelnikiem. Wielu mówi, że nie powinniśmy używać woli do zmiany okoliczności, aby nie mieszać się w plan Boży. Ale po co Bóg dałby nam wolę, jeśli nie mielibyśmy jej używać? Kiedyś spotkałem pewnego fanatyka, który powiedział, że nie uznaje używania siły woli, ponieważ powiększa ona ego. „Używasz teraz dużo woli, aby mi się przeciwstawić! – odpowiedziałem. – Używasz jej do mówienia i jesteś zmuszony jej używać, aby stać, chodzić lub jeść, albo pójść do kina, a nawet, by pójść spać. Używasz *woli* do wszystkiego, co robisz. Bez siły woli byłbyś robotem". Gdy Jezus, powiedział: „Nie jako ja chcę, ale jako Ty"[2], nie miał na

---

2 Mt 26,39.

myśli tego, by nie używać woli. Pokazywał, że człowiek musi się nauczyć dostosowywać swoją wolę, którą rządzą pragnienia, do woli Pana. Dlatego właściwa modlitwa, kiedy jest wytrwała, jest wolą.

Musisz wierzyć w możliwość spełnienia się tego, o co się modlisz. Jeśli pragniesz domu, a umysł mówi: „Głupcze, nie stać cię na dom", to musisz wzmocnić swoją wolę. Kiedy „nie mogę" znika z twojego umysłu, pojawia się boska moc. Dom nie spadnie ci z nieba; musisz stale wkładać siłę woli w konstruktywne działania. Jeśli będziesz wytrwały, nie przyjmując porażki, to przedmiot twojej woli musi się zmaterializować. Kiedy stale przepajasz taką wolą swoje myśli i działania, wtedy to, czego pragniesz, musi się zrealizować. Nawet jeśli na świecie nie ma niczego zgodnego z twoim życzeniem, to przy niezachwianej woli upragniony rezultat w jakiś sposób się pojawi. W tego rodzaju woli zawiera się odpowiedź Boga, albowiem wola pochodzi od Boga, a trwała wola to boska wola.

Wypal „nie mogę" ze swoich myśli

Słaba wola jest wolą śmiertelnika. Gdy tylko nadszarpną ją ciężkie doświadczenia i porażki, traci ona połączenie z dynamem Nieskończoności. Ale za ludzką wolą kryje się wola boska, która nigdy nie zawodzi. Nawet śmierć nie ma mocy powstrzymania boskiej woli. Pan niezawodnie odpowie na modlitwę, za którą stoi niewzruszona siła woli. Ludzie są w większości leniwi, umysłowo lub fizycznie, albo jedno i drugie. Gdy mają się modlić, to myślą o spaniu, a gdy głowa im opada, idą do łóżka i na tym modlitwa się kończy. Wola została pogrzebana. Głowa śmiertelnika pełna jest „nie mogę". Urodziwszy się w rodzinie, która ma określone cechy i nawyki, pozostaje on pod ich wpływem, myśląc, że nie może robić pewnych rzeczy: nie może dużo chodzić, nie może jeść tego czy owego, nie może czegoś ścierpieć. Te „nie mogę" muszą zostać wypalone. Masz w sobie moc dokonania wszystkiego, czego pragniesz; moc ta tkwi w woli.

Ten, kto chce rozwinąć siłę woli, musi mieć dobre towarzystwo. Jeśli pragniesz stać się wielkim matematykiem, a osoby, z którymi się zwykle stykasz, nie lubią matematyki, z pewnością się zniechęcisz. Ale jeśli przestajesz ze znakomitymi matematykami, twoja wola się wzmacnia i myślisz: „Skoro oni potrafią, to ja też".

W swoim zapale rozwijania woli nie porywaj się od razu na wielkie rzeczy. Aby odnieść sukces, najpierw wypróbuj swoją wolę na jakiejś drobnej rzeczy, której według ciebie nie potrafisz dokonać. Jeśli się naprawdę postarasz, może ci się to udać. Pamiętam wszystkie te cele, których – jak mówili mi przyjaciele i wielu innych – nigdy nie osiągnę, a jednak je osiągnąłem. Takie „życzliwe osoby" mogą bardzo zaszkodzić. Boże, wybaw nas od takiego towarzystwa! Towarzystwo ma największy wpływ na naszą wolę. Gdybyś zamiast przychodzić tutaj, chodził w każdy czwartek na przyjęcia z alkoholem, nie byłbyś w stanie uniknąć wpływu niskich wibracji. Towarzystwo zdecydowanie pobudza lub osłabia wolę. Rozwinąć wolę samemu jest nadzwyczaj trudno. Potrzebujesz dobrego przykładu. Jeśli chcesz zostać malarzem, otaczaj się dobrymi obrazami i malarzami. Jeśli chcesz zostać świętym/boskim człowiekiem, otaczaj się uduchowionym towarzystwem.

Wiara jest zupełnie czymś innym od doświadczenia. Wiara bierze się z tego, co usłyszałeś, przeczytałeś albo uznałeś za prawdziwe, natomiast doświadczenie to coś, czego rzeczywiście doznałeś. Nie można zachwiać przekonaniami tych, którzy doświadczyli Boga. Jeśli nigdy nie skosztowałeś pomarańczy, mógłbym cię nabrać odnośnie jej cech; ale jeśli już ją jadłeś, nie zdołałbym cię oszukać. Wiedziałbyś, że oszukuję, bo już doświadczyłeś pomarańczy.

Szukaj towarzystwa osób, które umacniają cię w wierze

Myśli o Bogu, sukcesie, uzdrowieniu i temu podobne tkwią w twoim mózgu w postaci nasion skłonności. Powinieneś ich doświadczyć. Aby doświadczyć swoich myśli, musisz użyć siły woli w celu ich zmaterializowania. Aby rozwinąć niezbędną siłę woli, musisz przestawać z ludźmi, którzy mają ogromną siłę woli. Jeśli chcesz, aby uzdrowiła cię moc Boga, szukaj towarzystwa osób, które umacniają cię w wierze i wzmacniają wolę.

Podróżowałem po Indiach, starając się znaleźć kogoś,

kto poznał Boga. Takie dusze są rzadkością. Wszyscy nauczyciele, których spotkałem, opowiadali mi o swoich wierzeniach. Ale byłem zdecydowany, aby w sprawach duchowych nigdy nie zadowalać się [tylko] słowami o Bogu. Pragnąłem Go doświadczyć. To, co mi mówią, nie ma dla mnie znaczenia, chyba że tego doświadczę.

Rozmawiałem kiedyś ze znajomym pośrednikiem handlowym o indyjskich świętych. Nie podzielał on mojego entuzjazmu.

– Wszyscy ci tak zwani święci to szarlatani – powiedział. – Nie znają Boga.

Nie spierałam się z nim. Zmieniłem temat i zaczęliśmy rozmawiać o pośrednictwie handlowym. Kiedy już bardzo dużo mi o tym opowiedział, powiedziałem bez zająknięcia:

– Czy wiesz, że w Kalkucie nie ma ani jednego uczciwego pośrednika? Wszyscy są nieuczciwi.

– A co ty wiesz o pośrednikach? – odciął się ostro.

– No właśnie – odparłem. – A co ty wiesz o świętych? – Nie potrafił odpowiedzieć. – Nie spierajmy się o to, na czym się nie znamy – kontynuowałem życzliwie. – Ja nie znam się na pośrednictwie, a ty nic nie wiesz o świętych.

Praktykowanie religii doszło do punktu, gdzie bardzo nieliczni starają się, aby ich duchowe przemyślenia stały się przedmiotem doświadczenia. Mówię wam wyłącznie o swoich własnych doświadczeniach, bo nie mam ochoty pouczać o tym, co poznałem tylko intelektualnie. Większość ludzi zadowala się tym, co przeczytali o Prawdzie, nigdy jej nie doświadczywszy. W Indiach nie szukamy przewodnictwa duchowego u kogoś tylko dlatego, że ma stopień naukowy z teologii, ani też nie szukamy przewodnictwa u tych, którzy tylko studiowali pisma, nie doświadczywszy zawartych w nich prawd. Duchowe katarynki, które mają prawdy tylko na ustach, nie robią na nas wrażenia. Uczymy się rozróżniać między tym, co ktoś głosi [w kazaniu], a jego życiem. Człowiek musi pokazać, że doświadczył tego, czego się nauczył.

Zapewnij sobie ostateczne miejsce w niebie

Gdy starasz się doświadczyć swoich duchowych przekonań, zaczyna się przed tobą otwierać nowy świat. Nie żyj w fałszywym poczuciu bezpieczeństwa, wierząc, że skoro należysz do jakiegoś kościoła, to będziesz zbawiony. Sam musisz dołożyć starań, aby poznać Boga. Twój umysł może być usatysfakcjonowany tym, że jesteś bardzo religijny, ale dopóki twoja świadomość nie będzie usatysfakcjonowana bezpośrednimi odpowiedziami na modlitwy, to żadna ilość formalnej religijności cię nie zbawi. Jaka jest korzyść z modlenia się do Boga, jeśli On nie odpowiada? Chociaż uzyskać Jego odpowiedź jest trudno, można to osiągnąć. Aby ostatecznie dostać się do nieba, musisz wypróbowywać moc swoich modlitw, aż sprawisz, że staną się skuteczne. Jeszcze jako małe dziecko postanowiłem, że skoro się już modlę, moja modlitwa musi zostać wysłuchana. Tak wielkie zdecydowanie prowadzi do celu. Wtedy, aby zniszczyć moc twojej woli, przychodzą wszelkie możliwe próby. Ale Bóg ma nieograniczoną moc odpowiadania, a twoja ciągła i niezachwiana wola przyniosą Jego odpowiedź.

Powinieneś nauczyć się skupiać myśli. Dlatego ważne jest mieć czas na przebywanie w samotności. Unikaj ciągłego towarzystwa innych ludzi. W większości są oni jak gąbki – wyciągają z ciebie wszystko, a ty rzadko otrzymujesz coś w zamian. Warto jest przebywać z innymi tylko wtedy, gdy są szczerzy i silni i gdy są wzajemnie świadomi swojej szczerości i siły, tak aby wymieniać się szlachetnymi cechami duszy.

Nie umilaj sobie czasu bezczynnością. Bardzo wielu ludzi zajmuje się błahostkami. Gdy pytamy ich, co robią, zwykle odpowiadają: „Och, cały czas byłem zajęty!". Ale ledwo pamiętają, czym tak bardzo byli zajęci! Zbyt wiele rozrywek także osłabia moc umysłu. Jeśli codziennie chodzisz do kina, to straci ono swoją atrakcyjność, a ty się znudzisz. Filmy są w zasadzie o tym samym – kochankowie, bohaterowie i czarne charaktery. Może ci się podobać piękna fabuła filmowa, ale w życiu rzadko jest tak jak na filmie. Jeśli, z drugiej strony, fabuła jest zbyt realistyczna, to kto chciałby dodatkowo oglądać życie takie, jakie jest, skoro idzie się zabawić?

Życie jest bardzo podstępne i musimy sobie radzić z nim takim, jakie jest. Jeśli sami najpierw nad nim nie zapanujemy, nie potrafimy pomóc nikomu innemu. W zaciszu skoncentrowanej myśli kryje się kuźnia wszystkich osiągnięć. Pamiętaj o tym. W kuźni tej nieprzerwanie wykuwaj wzorzec woli, aby osiągnąć sukces wbrew wszelkim przeciwnościom. Ćwicz wolę nieustannie. W ciągu dnia i nocy masz wiele możliwości pracy w tej kuźni, jeśli nie marnujesz czasu. Ja w nocy odcinam się od wymagań doczesnego świata i przebywam sam ze sobą, całkowicie obcy dla świata; przestaje on istnieć. Sam na sam ze swoją siłą woli kieruję myśli w pożądaną stronę, dopóki nie ustalę dokładnie, co chcę zrobić i jak. Następnie zaprzęgam wolę do właściwych czynności, i to stwarza sukces. W ten sposób skutecznie używałem siły woli wiele razy. Lecz nie będzie to działało, jeśli nie będziesz stosował siły woli nieprzerwanie.

To cudowne uczucie móc z całkowitą pewnością powiedzieć: „Moja siła woli, doładowana Wolą Bożą, zrealizuje mój cel". Jeśli z lenistwa pozostawisz wszystko Mocy Bożej i zaniedbasz użycia swojej woli danej ci przez Boga, rezultaty szybko się nie pojawią. Boska Moc sama z Siebie chce ci pomóc. Nie musisz Jej zachęcać. Musisz jednak używać woli, aby domagać się jako Jego dziecko i zachowywać się jak Jego dziecko. Musisz pozbyć się myśli, że Bóg wraz ze Swą cudowną mocą znajduje się daleko w niebie oraz że jesteś bezsilnym małym robaczkiem przygniatanym doczesnymi problemami. Pamiętaj, że za twoją wolą stoi wielka Boska Wola, ale że ta niezmierzona Moc nie może przyjść ci z pomocą, jeśli nie jesteś otwarty na jej przyjęcie.

Wzmacniaj swoją siłę woli poprzez koncentrację

Sposobem na to, aby stać się otwartym na przyjęcie Bożej Mocy, jest usiąść w spokoju i skoncentrować myśli na szlachetnym pragnieniu dotąd, dopóki myśl i umysł nie stopią się z tą ideą. Wówczas siła woli staje się boska – wszechwiedząca i wszechmocna – i można ją skutecznie zastosować do realizacji celu. Nie można po prostu siedzieć i oczekiwać, że sukces spadnie ci z nieba. Kiedy już ustaliłeś kierunek działania i twoje postanowienie jest mocne, musisz poczynić konkretne starania. Wtedy się przekonasz, że wszystko, co jest ci potrzebne do osiągnięcia sukcesu, zaczyna do ciebie przychodzić. Wszystko będzie cię popychać we właściwym kierunku. Odpowiedź na modlitwę kryje się w twojej wzmocnionej boską mocą sile woli. Gdy używasz takiej woli, otwierasz drogę do tego, aby twoje modlitwy zostały wysłuchane. Takie jest moje doświadczenie. Kiedyś podejmowałem różne próby tylko po to, aby sprawdzić, czy moja siła woli działa, ale już tego nie robię. Wiem, że działa.

Kiedyś, dawno temu, zauważyłem, że jeden z moich uczniów schodzi na manowce. Przewidując zbliżające się nieuchronnie tragiczne skutki, przedstawiłem wszelkie możliwe racje, aby odwieść go od kierunku, w którym podążało jego życie, ale przekonałem się, że cała siła mojej woli mu nie pomogła, ponieważ zdecydował, że będzie kroczył drogą zła. „Dobrze – powiedziałem sobie w końcu

– tu się pożegnamy, niech robi, co chce". Ale wkrótce moja wielka miłość i troska o niego przeważyły. Usiadłem pod drzewem figowym i zacząłem go sobie wizualizować. Żarliwie i wiele razy posyłałem mu telepatycznie wiadomość: „Bóg powiedział mi, abym kazał ci wrócić". Zanim zapadł wieczór, moje ciało i umysł zelektryzowało przeczucie, że on już nadchodzi[3]. W końcu pojawił się przy bramie – „syn marnotrawny" powrócił do owczarni. Wykonał *pranam*[4] i powiedział: „Przez cały dzień, niezależnie od tego, gdzie byłem i co robiłem, widziałem ciebie. Co to wszystko znaczy?".

„Bóg wzywał cię przeze mnie – odparłem. – To było Jego wezwanie, nie moje. Pragnąłem się z tobą spotkać nie z egoistycznych pobudek i zdecydowałem, że nie ruszę się z tego miejsca, dopóki nie przyjdziesz". Tak silne postanowienie może zmienić świat. Cudowna siła!

Zatem, głęboka modlitwa naprawdę działa. Najlepiej modlić się nocą, kiedy uwaga mniej się rozprasza. Jeśli to konieczne, to pośpij trochę wieczorem, abyś był całkowicie rozbudzony, gdy będziesz się modlił nocą i szczerze wyłożysz Bogu, o co chodzi. Z początku będzie się to wydawało trudne, ale jeśli będziesz stale próbował, stanie się łatwiejsze. Rezultaty cię zadziwią. Gdy tylko twoja wola

---

3 Wielcy mistrzowie mają boską świadomość, która przenika całe ciało. Na przykład, mogą intuicyjnie odczuwać w ciele złe myśli ucznia jako ostre ukłucia. Podobnie, harmonijnym, szczęśliwym odczuciom intuicyjnym towarzyszy przyjemne mrowienie (*nota Wydawcy*).

4 „Skłonił się" (zob. *pranam* w Słowniczku).

się wzmocni, Bóg zacznie odpowiadać. A gdy Nieskończony zechce złamać Jego ślub milczenia, nie będziesz się posiadał z radości. Ale jeśli masz egotyczne pragnienie demonstrowania innym mocy swoich modlitw albo pobierasz za to pieniądze, to stracisz tę moc. Bóg już ci więcej nie odpowie, odstraszysz Go. Przychodzi On tylko wtedy, gdy jesteś szczery i gdy Go kochasz dla Niego Samego. Kiedy zachwycasz się sobą i chcesz się popisać, widzi On, że nie Jego szukasz, lecz sławy i uznania dla własnego ego, i On nie przyjdzie.

**Kto wytrwa tak długo,
aż Bóg mu odpowie?**

Bóg nie jest niemą, nieczułą istotą. Jest samą miłością. Jeśli umiesz medytować tak, aby nawiązać z Nim kontakt, odpowie On na twoje pełne miłości żądania. Nie musisz błagać, możesz domagać się jako Jego dziecko. Lecz kto z was poświęci na to wystarczająco wiele czasu? Kto z was wytrwa w koncentracji tak długo, aż otrzyma od Niego odpowiedź?

Przypuśćmy, że masz kredyt hipoteczny i nie możesz go spłacić. Albo że jest pewne stanowisko, którego pragniesz. W ciszy, która przychodzi po głębokiej medytacji, z niezachwianą wolą skoncentruj się na myśli o tym, czego potrzebujesz. Nie oczekuj rezultatów. Jeśli wsadzisz ziarno do ziemi, a potem będziesz je co jakiś czas wyjmował, aby sprawdzić, czy kiełkuje, to nigdy nie wykiełkuje.

Podobnie, jeśli za każdym razem, gdy się modlisz, wypatrujesz znaku, czy Bóg spełnia twoją prośbę, to nic się nie stanie. Nigdy nie próbuj sprawdzać Boga. Po prostu módl się nieprzerwanie dalej. Masz obowiązek zwrócić uwagę Boga na swoją potrzebę i pomóc Mu ją ziścić. Na przykład, w przypadku chorób chronicznych, staraj się najlepiej, jak możesz, wspierać uzdrowienie, ale miej świadomość, że ostatecznie tylko sam Bóg może pomóc. Medytuj nad tą myślą każdej nocy i z całą stanowczością módl się, a pewnego dnia nagle stwierdzisz, że choroba zniknęła.

Najpierw umysł otrzymuje sugestię. Następnie Bóg nasyca umysł Jego mocą. Ostatecznie mózg wyzwala uzdrawiającą energię życiową. Nie zdajesz sobie sprawy z mocy Bożej istniejącej w twoim umyśle. Rządzi ona wszystkimi funkcjami ciała. Możesz poprawić każdy stan zdrowia, jeśli będziesz używał tej mocy umysłu. Najpierw trzeba się nauczyć właściwej metody medytacji. Następnie możesz zastosować spotęgowaną mocą Bożą koncentrację do uzdrowienia ciała; może ci ona również pomóc w każdym innym kłopocie.

Codziennie podejmuj się czegoś, co sprawia ci trudność, i postaraj się to wykonać. Nawet jeśli nie uda ci się pięć razy, nie ustawaj, a jak tylko ci się trochę powiedzie, użyj swojej skupionej woli do zrobienia czegoś innego. W ten sposób potrafisz dokonywać coraz to większych rzeczy. Wola jest narzędziem obrazu Boga w tobie. W woli tkwi Jego nieograniczona moc, moc, która włada wszystkimi siłami przyrody. Jako że jesteś uczyniony na Jego obraz, możesz używać tej mocy, aby ziściło się wszystko, czego pragniesz: możesz stworzyć dobrobyt, możesz zmienić nienawiść w miłość. Módl się, aż twoje ciało i umysł będą ci całkowicie podległe. Wtedy otrzymasz od Boga odpowiedź. Stale stwierdzam, że moje najdrobniejsze pragnienia są spełniane.

Największą twoją potrzebą jest Bóg

Brama do nieba znajduje się między brwiami. Ten ośrodek[5] w mózgu jest siedzibą woli. Gdy głęboko się tam koncentrujesz i spokojnie czegoś pragniesz, to twoja wola się spełni. Nigdy nie używaj woli do złych celów. Celowe wyrządzanie komuś krzywdy jest poważnym nadużyciem danej ci przez Boga mocy. Jeśli stwierdzisz, że twoja wola kieruje się w złą stronę, zatrzymaj się! Nie tylko byłoby to marnotrawstwem twojej boskiej energii, lecz także przyczyną utraty przez ciebie tej mocy; nie byłbyś zdolny do użycia jej nawet w dobrym celu.

Oszacuj uczciwie, czy twoja modlitwa jest racjonalna. Nie proś Boga o to, co jest raczej niemożliwe do spełnienia w naturalnym porządku rzeczy. Proś tylko o to, co rzeczywiście konieczne. I rozróżniaj między „koniecznymi koniecznościami" i „niekoniecznymi koniecznościami". Najlepszym sposobem wyleczenia się z pragnienia

---

5 Siedziba „pojedynczego", czyli duchowego oka; *Kutastha* lub ośrodek Świadomości Chrystusowej.

„niekoniecznych konieczności" jest je sobie wyperswadować. Kiedyś moim hobby były wielkie budynki i marzyłem o tym, by takie posiadać, jednak to zainteresowanie mi przeszło. Mam ich teraz dużo, wraz ze wszystkimi utrapieniami związanymi z ich utrzymaniem! Bycie właścicielem jest kłopotliwym obowiązkiem. Wyeliminuj pragnienie posiadania niepotrzebnych rzeczy. Skoncentruj się wyłącznie na twoich rzeczywistych potrzebach.

Największą twoją potrzebą jest Bóg. Da ci On nie tylko „konieczne konieczności", ale także i „niekonieczne konieczności". Zaspokoi On każde twoje pragnienie, kiedy się z Nim zjednoczysz. Spełnią się twoje najbardziej fantastyczne marzenia.

Jako mały chłopiec w Indiach, bardzo pragnąłem mieć kucyka, ale moja mama mi na to nie pozwoliła. Kilka lat później, po założeniu szkoły dla chłopców w Rańci, sprowadziłem tam klacz. Pewnego ranka odkryłem, że urodziła źrebię. Tego właśnie pragnąłem w dzieciństwie! Spotkało mnie wiele podobnych przeżyć. Dawno temu, gdy podróżowałem po Kaszmirze, miałem wizję pewnego budynku[6]. Wiele lat później, gdy przybyłem do Los Angeles i ujrzałem to miejsce, rozpoznałem budynek z mojej wizji i zrozumiałem, że było zamierzeniem Boga, aby było nasze.

---

6 Międzynarodowa Siedziba Self-Realization Fellowship na wzgórzu Mount Washington w Los Angeles. Wizja Paramahansy dźi miała miejsce około 1913 r.

Stosuj się do zasad modlitwy

Pierwszą zasadą modlitwy jest, aby zwracać się do Boga tylko z uzasadnionymi prośbami. Drugą zasadą jest, aby modlić się o ich spełnienie nie jako żebrak, lecz jako syn: „Jestem Twoim dzieckiem. Ty jesteś moim Ojcem. Ty i ja jednym jesteśmy". Jeśli będziesz modlił się głęboko i nieprzerwanie, poczujesz, jak serce zalewa ci wielka radość. Nie ustawaj, dopóki ta radość się nie pojawi; bo kiedy poczujesz tę w pełni satysfakcjonującą radość w sercu, poznasz, że Bóg dostroił się do wysyłanej przez ciebie modlitwy. Wtedy módl się do Ojca: „Panie, to jest moja potrzeba. Jestem gotów działać, ale proszę, prowadź mnie i pomóż mi właściwie myśleć i właściwie postępować, aby osiągnąć sukces. Będę używał rozumu i działał z determinacją, ale Ty prowadź mój rozum, wolę i działanie tak, abym robił to, co powinienem". Tak właśnie zawsze się modliłem. Teraz, gdy tylko spytam Boga o jakieś przedsięwzięcie, wiem, czy powinienem się za nie zabrać, czy nie, i wiem, jakie kroki powinienem poczynić.

Traktuj modlitwę praktycznie i poważnie. Koncentruj się głęboko na tym, o co się modlisz. Zanim zaczniesz szukać pracy, podpiszesz umowę albo zrobisz cokolwiek ważnego, pomyśl o owej Mocy. Myśl o niej stale. Ogranicz sen. Umysł jest przyzwyczajony do odpoczywania w nocy od obowiązków dnia i ciągle nalega: „Śpij". Musisz mu odpowiedzieć z całą swoją boską siłą woli: „Precz ze snem!

Moje spotkanie z Bogiem jest ważniejsze". Wtedy otrzymasz odpowiedź od Boga.

Paramahansa Jogananda
(1893–1952)

„Ideał miłości do Boga i służby dla ludzkości znalazł swój pełen wyraz w życiu Paramahansy Joganandy. [...] Chociaż większą część swojego życia spędził poza Indiami, to zajmuje godne miejsce pośród naszych wielkich świętych. Jego dzieło nieustannie wzrasta i błyszczy coraz jaśniej, przyciągając zewsząd ludzi na ścieżkę pielgrzymki Ducha."

– z hołdu złożonego przez rząd indyjski Paramahansie Joganandzie z okazji wydania pamiątkowego znaczka na jego cześć.

Urodzony 5 stycznia 1893 roku w Indiach, Paramahansa Jogananda poświęcił swoje życie, pomagając ludziom wszystkich ras i wyznań uświadomić sobie i wyrazić pełniej w ich życiu prawdziwe piękno, szlachetność i prawdziwą boskość ludzkiego ducha.

Po ukończeniu studiów na Uniwersytecie Kalkuckim w 1915 roku, Śri Jogananda przyjął oficjalne śluby zakonnika jednego z najczcigodniejszych zakonów monastycznych – Zakonu Swamich. Dwa lata później rozpoczął swoją życiową misję, zakładając szkołę z mottem „jak żyć" – od tego czasu rozrosła się ona do siedemnastu instytucji szkolnych w całych Indiach – w której tradycjonalne przedmioty akademickie oferowane były wraz z *ćwiczeniami* jogi i instruktażem w ideałach duchowych. W 1920 roku zaproszony został jako delegat z Indii na Międzynarodowy Kongres Liberałów Religijnych w Bostonie. Jego wystąpienie przed Kongresem i następujące po nim wykłady na Wschodnim Wybrzeżu przyjęte zostały z entuzjazmem. W 1924 roku wyruszył na transkontynentalną podróż z wykładami.

Przez kolejne trzy dekady Paramahansa Jogananda gruntownie przyczynił się dalekosiężnie do większej świadomości i uznania Zachodu dla duchowej mądrości Wschodu. W Los Angeles ustanowił międzynarodową siedzibę dla Self-Realization Fellowship – niesekciarskiego społeczeństwa religijnego, które założył w 1920 roku. Poprzez swoje pisma, liczne tournée z wykładami i zakładanie świątyń i centrów medytacyjnych wprowadził setki tysięcy poszukiwaczy prawdy w starożytną naukę i filozofię jogi oraz jej uniwersalne metody medytacji.

Obecnie duchowe i humanitarne dzieło rozpoczęte przez Paramahansę Jogandę kontynuowane jest pod przewodnictwem brata Chidanandy, prezydenta Self-Realization Fellowship/Yogoda Satsanga Society of India. Oprócz wydawania jego pism, wykładów i nieformalnych przemówień (wraz z obszerną serią *Lekcji Self-Realization Fellowship* do studiowania w domu), stowarzyszenie również nadzoruje świątynie, miejsca odosobnienia oraz ośrodki medytacji na całym świecie, a także wspólnoty monastyczne Self-Realization Fellowship i *Światowy* Krąg Modlitewny.

Dr. Quincy Howe Jr., profesor Katedry Języków Starożytnych w Scripps College, napisał: „Paramahansa Jogananda przywiózł na Zachód nie tylko odwieczną indyjską obietnicę Bożego urzeczywistnienia, ale również i praktyczną metodę, dzięki której duchowi aspiranci ze wszystkich klas społecznych mogą szybko podążać do celu. Doceniane uprzednio na Zachodzie jedynie na najbardziej wzniosłym i abstrakcyjnym poziomie, duchowe dziedzictwo Indii jest obecnie dostępne jako praktyka i doświadczenie dla wszystkich, którzy aspirują do poznania Boga, nie w życiu pośmiertnym, ale tutaj i teraz […]. Jogananda umieścił w zasięgu wszystkich najbardziej ekstatyczne metody kontemplacji".

Słowniczek do serii „Jak żyć"

aśram – duchowa pustelnia, często klasztor

Aum (Amen, Om) – rdzeń sanskryckiego słowa, czyli podstawa wszystkich dźwięków. Dźwięk symbolizujący ten aspekt Boga, który kreuje i podtrzymuje wszystkie rzeczy; Wibracja Kosmiczna. *Aum* hinduskich Wed stało się świętym słowem *Hum* Tybetańczyków, *Amin* muzułmanów i *Amen* Egipcjan, Greków, Rzymian, Żydów i chrześcijan. Najważniejsze religie świata deklarują, że wszystkie powstałe rzeczy wzięły początek z kosmicznej wibrującej energii *Aum*, czyli Amen, Słowa, czyli Ducha Świętego. „Na początku było Słowo, a Słowo było u Boga i Bogiem było Słowo. [...] Wszystko przez Nie [Słowo, czyli Aum] się stało, a bez Niego nic się nie stało, [z tego], co się stało" (J 1,1-3).

awatar – Pochodzi od sanskryckiego słowa *avatara* („zejście"), oznaczające zejście Boskości do ciała. Kogoś kto osiągnął zjednoczenie z Duchem, a następnie powraca na ziemię, aby pomóc ludzkości, nazywamy awatarem.

Bhagawadgita – „Pieśń Pana". Część starożytnej indyjskiej epopei *Mahabharaty*, przedstawiona w formie dialogu między awatarem (por.) Panem Kryszną i jego uczniem

Ardźuną. Głęboki traktat o nauce jogi i ponadczasowa recepta na szczęście i sukces w codziennym życiu.

Bhagawan Kryszna (Pan Kryszna) – Awatar (por.), który żył w Indiach wiele wieków przed epoką chrześcijańską. Jego nauki o jodze (por.) zaprezentowane zostały w Bhagawadgicie. Jednym ze znaczeń słowa *Kryszna* podanym w pismach hinduskich jest „Wszechwiedzący Duch". Stąd *Kryszna*, podobnie jak Chrystus, jest tytułem oznaczającym wielkość awatara, jego jedność z Bogiem (Zobacz *Świadomość Chrystusowa*).

Chrystusowy ośrodek – ośrodek koncentracji i woli w punkcie między brwiami; siedziba Chrystusowej Świadomości, duchowe oko (por.).

Guru – nauczyciel duchowy. Guru Gita (werset 17) trafnie opisuje guru jako „rozpraszającego ciemność" (od *gu*, „ciemność" i *ru*, „ten, który rozprasza"). Słowo guru jest często mylnie używane w odniesieniu do dowolnego nauczyciela lub instruktora. Prawdziwym oświeconym przez Boga guru jest ten, kto osiągając panowanie nad sobą, uświadomił sobie swoją tożsamość z wszechobecnym Duchem. Wyłącznie taki ktoś ma kwalifikacje, aby prowadzić innych w ich wewnętrznej duchowej podróży.

Najbliższym angielskim odpowiednikiem słowa *guru* jest słowo *Mistrz*. Uczniowie Paramahansy Joganandy często używają tego określenia jako wyraz szacunku, mówiąc o nim lub odwołując się do niego.

Jaźń – pisana dużą literą oznacza *atmana*, czyli duszę, boską esencję człowieka, w odróżnieniu od zwykłego „ja", którym jest ludzka osobowość, czyli ego. Jest ona zindywidualizowanym Duchem, którego istotą jest błoga szczęśliwość – wiecznie trwała, wiecznie świadoma i wiecznie nowa.

joga – Słowo to (od sanskryckiego *judź – łączyć, jednoczyć*) oznacza zjednoczenie się indywidualnej duszy z Duchem; terminem tym określa się także metody osiągania tego celu. Istnieją rozmaite metody. Ta nauczana przez Paramahansę Joganandę jest radźajogą, czyli jogą „królewską" lub „kompletną", która koncentruje się wokół praktyki naukowych metod medytacji. Mędrzec Patańdźali, najwybitniejszy propagator jogi w starożytności, wyodrębnił osiem etapów, przez które przechodzi radźajogin, by ostatecznie osiągnąć *samadhi*, czyli jedność z Bogiem. Są to: 1) *jama*, moralne postępowanie, 2) *nijama*, nakazy jogiczne, 3) *asana*, prawidłowa pozycja ciała pozwalająca wyciszyć niepokój cielesny, 4) *pranajama*, panowanie nad *pranami*, subtelnymi prądami życiowymi, 5) *pratjahara*, interioryzacja, 6) *dharana*, koncentracja, 7) *dhjana*, medytacja, 8) *samadhi*, doznania nadświadome.

karma – skutki przeszłych czynów z tego żywota lub z poprzednich. Prawo karmy to prawo akcji i reakcji, przyczyny i skutku, siewu i zbioru. Poprzez swoje myśli i działania istoty ludzkie stają się twórcami własnego losu. Każda energia, którą człowiek sam, mądrze lub niemądrze, wprawił w ruch, musi powrócić do niego jako punktu wyjściowego, podobnie jak okrąg, który nieuchronnie musi się dopełnić. Karma podąża za człowiekiem od wcielenia do wcielenia, aż się wypełni lub zostanie duchowo przekroczona (zob. *reinkarnacja*).

Krijajoga – święta nauka duchowa powstała tysiące lat temu w Indiach. Rodzaj radźajogi („radźa" znaczy „królewska" lub „kompletna"), która obejmuje pewne wyższe techniki medytacyjne, których praktykowanie prowadzi do bezpośredniego, osobistego doświadczenia Boga. *Krijajoga* wyjaśniona została w dwudziestym szóstym rozdziale *Autobiografii jogina* i nauczą się jej studenci *Lekcji Self-Realization Fellowship*, którzy spełnią określone wymagania duchowe.

Kryszna – zob. *Bhagawan Kryszna*.

maja – Moc ułudy, tkwiąca w naturze stworzenia, z powodu której Jedyny wydaje się liczny. *Maja* jest zasadą względności, rozdzielenia, kontrastu, dwoistości, stanów opozycyjnych; „Szatan" (dosłownie po hebrajsku

„przeciwnik) u starotestamentowych proroków. Paramahansa Jogananda napisał:

„Sanskryckie słowo *maja* znaczy «mierniczy»; jest to magiczna moc w stworzeniu, dzięki której w Niemierzalnym i Nierozdzielnym istnieją pozorne ograniczenia i podziały. [...] W Bożym planie i zabawie (*lili*) jedyną funkcją Szatana, czyli *maji* jest próba odciągnięcia człowieka od Ducha ku materii, od Rzeczywistego ku nierzeczywistemu. [...] *Maja* tworzy zasłonę przemijalności w Przyrodzie [...]. To zasłona, którą każdy człowiek musi podnieść, aby poza nią ujrzeć Stwórcę, Niezmiennego, wieczną Rzeczywistość.

oko duchowe – pojedyncze oko intuicji i duchowego postrzegania w Chrystusowym (*Kutastha*) ośrodku *(por.)* pomiędzy brwiami; przejście do wyższych stanów świadomości. Podczas głębokiej medytacji pojedyncze, czyli duchowe oko staje się widoczne jako jaskrawa gwiazda otoczona sferą niebieskiego światła, które z kolei otacza olśniewająca aureola złotego światła. To wszechwiedzące oko jest różnie określane w pismach świętych jako trzecie oko, gwiazda Wschodu, wewnętrzne oko, gołębica zstępująca z nieba, oko Śiwy i oko intuicji. „Jeśli zatem twoje oko będzie jedno, całe twoje ciało będzie pełne światła". [...] Bacz więc, by światło, które jest w tobie, nie było ciemnością" (Mt 6,22).

paramahansa – godność duchowa nadawana człowiekowi, który osiąga najwyższy stan nieprzerwanej duchowej bliskości z Bogiem. Może ją nadać tylko prawdziwy guru uczniowi do niej uprawnionemu. Swami Śri Jukteśwar przyznał ten tytuł Paramahansie Joganandzie w roku 1935.

reinkarnacja – Dyskusję na temat reinkarnacji można znaleźć w czterdziestym trzecim rozdziale *Autobiografii jogina* Paramahansy Joganandy. Jak tam wyjaśniono, przeszłe działania ludzi zgodnie z prawem karmy (por.) pozostawiają za sobą skutki, które przyciągają ich z powrotem na ten materialny świat. Poprzez ciąg narodzin i śmierci wielokrotnie powracają na ziemię, aby tutaj przejść przez doświadczenia, które są owocami tych przeszłych czynów, i kontynuować proces duchowej ewolucji, która ostatecznie prowadzi do uświadomienia sobie wrodzonej doskonałości duszy i do zjednoczenia z Bogiem.

samadhi – duchowa ekstaza, doświadczenie nadświadome; ostatecznie jedność z Bogiem jako najwyższą wszechprzenikającą Rzeczywistością.

Samorealizacja – uświadomienie sobie swojej prawdziwej tożsamości jako Jaźni, jedności z uniwersalną świadomością Boga. Paramahansa Jogananda napisał: „Samorealizacja to poznanie – ciałem, umysłem i duszą

– że stanowimy jedno z wszechobecnością Boga, że nie musimy się modlić, aby na nas zstąpiła, że jest ona zawsze nie tylko blisko nas, ale że wszechobecność Boga jest naszą wszechobecnością i że jesteśmy już Jego częścią w takim samym stopniu teraz, w jakim kiedykolwiek będziemy. Musimy jedynie pogłębić nasze poznanie".

Szatan – Zob. *maja*.

Świadomość Chrystusowa – Świadomość Boga rzutowana przezeń w świat, która jest immanentna w całym stworzeniu. W chrześcijańskim Piśmie Świętym to „syn jednorodzony", jedyne czyste odbicie Boga Ojca w stworzeniu; w hinduskich pismach świętych to *Kutastha Ćajtanja*, kosmiczna inteligencja Ducha wszechobecnego w stworzeniu. Jest to kosmiczna świadomość, jedność z Bogiem, przejawiona przez Jezusa, Krysznę i innych awatarów. Wielcy święci i jogini znają ją jako stan medytacyjny *samadhi (por.)*, w którym ich świadomość staje się identyczna z boską inteligencją w każdej cząstce stworzenia; odczuwają oni cały wszechświat jako własne ciało.

Świadomość Kosmiczna – Absolut; Duch istniejący poza stworzeniem; także medytacyjny stan *samadhi*, stan jedności z Bogiem zarówno poza wibracyjnym stworzeniem, jak i wewnątrz niego.

świat astralny – subtelny świat światła i energii, który znajduje się poza fizycznym wszechświatem. Każda osoba, każdy przedmiot, każda wibracja w sferze fizycznej ma swój astralny odpowiednik, ponieważ wszechświat astralny (niebo) jest „odbitką" wszechświata materii. Świat astralny i jeszcze subtelniejszy świat przyczynowy, czyli ideowy świat myśli, opisane są w *Autobiografii jogina* Paramahansy Joganandy w rozdziale 43.

Książki Paramahansy Jogananady w języku polskim

Do nabycia na www.srfbooks.org lub w innych księgarniach internetowych

Autobiografia jogina

Joga Jezusa

Jak można rozmawiać z Bogiem

Medytacje metafizyczne

Naukowe afirmacje uzdrawiające

Naukowy aspekt religii

Pamiętnik duchowy

Prawo sukcesu

Tam, gdzie Światło

Mądrości Paramahansy Joganandy

Spokój wewnętrzny

W sanktuarium duszy

Żyć nieustraszenie

Dlaczego Bóg dopuszcza zło

Jak odnieść zwycięstwo w życiu

Inne tytuły w serii „Jak żyć"

Paramahansa Jogananda
Wysłuchane modlitwy
Uzdrawianie nieograniczoną mocą Bożą

Śri Mrinalini Mata
Związek guru-uczeń

Książki Paramahansy Joganandy w języku angielskim

Autobiography of a Yogi

God Talks With Arjuna: The Bhagavad Gita
— *A New Translation and Commentary*

The Second Coming of Christ:
The Resurrection of the Christ Within You
— *A Revelatory Commentary on the Original Teachings of Jesus*

The Yoga of the Bhagavad Gita

The Yoga of Jesus

The Collected Talks and Essays

Volume I: Man's Eternal Quest
Volume II: The Divine Romance
Volume III: Journey to Self-realization

Wine of the Mystic:
The Rubaiyat of Omar Khayyam
— A Spiritual Interpretation

Songs of the Soul

Whispers from Eternity

Scientific Healing Affirmations

In the Sanctuary of the Soul:
A Guide to Effective Prayer

The Science of Religion

Metaphysical Meditations

Where There Is Light
—Insight and Inspiration for Meeting Life's Challenges

Sayings of Paramahansa Yogananda

Inner Peace
—How to Be Calmly Active and Actively Calm

Living Fearlessly
—Bringing Out Your Inner Soul Strength

The Law of Success

How You Can Talk With God

Why God Permits Evil and How to Rise Above It

To Be Victorious in Life

Cosmic Chants

Nagrania audio Paramahansy Joganandy

Beholding the One in All

The Great Light of God

Songs of My Heart

To Make Heaven on Earth

Removing All Sorrow and Suffering

Follow the Path of Christ, Krishna, and the Masters

Awake in the Cosmic Dream

Be a Smile Millionaire

One Life Versus Reincarnation

In the Glory of the Spirit

Self-Realization: The Inner and the Outer Path

Pozostałe publikacje Self-Realization Fellowship

The Holy Science
Swami Sri Yukteswar

Only Love
—Living the Spiritual Life in a Changing World
Sri Daya Mata

Finding the Joy Within You:
Personal Counsel for God-Centered Living
Sri Daya Mata

Intuition
—Soul Guidance for Life's Decisions
Sri Daya Mata

God Alone
—The Life and Letters of a Saint
Sri Gyanamata

"Mejda"
*—The Family and the Early Life of
Paramahansa Yogananda*
Sananda Lal Ghosh

Self-Realization
*(czasopismo założone przez
Paramahansę Joganandę w 1925 r.)*

Nagrania DVD

Awake: The Life of Yogananda
– *film nakręcony przez CounterPoint Films*

Kompletny katalog książek i nagrań audio/wideo – zawierający rzadko spotykane archiwalne nagrania Paramahansy Joganandy – jest dostępny na żądanie na www.srfbooks.org.

Lekcje
Self-Realization Fellowship

Naukowe techniki medytacji nauczane przez Paramahansę Joganandę, w tym *Krijajoga*, jak również jego wskazówki dotyczące wszystkich aspektów zrównoważonego życia duchowego — przedstawione są w *Lekcjach Self-Realization Fellowship*.

Więcej informacji można znaleźć na stronie www.srflessons.org.

Self-Realization Fellowship
3880 San Rafael Avenue • Los Angeles, CA 90065-3219
TEL +1 (323) 225-2471 • FAX +1 (323) 225-5088
www.yogananda.org

Opublikowane również przez Self-Realization Fellowship

AUTOBIOGRAFIA JOGINA
Paramahansy Jogananda

Ta ciesząca się ogromnym uznaniem autobiografia to jednocześnie pasjonująca historia niezwykłego życia i wnikliwe, zapadające w pamięć spojrzenie na najistotniejsze tajemnice ludzkiego bytu. Uznana po pierwszym jej wydaniu za doniosłe dzieło literatury duchowej, pozostaje nadal jedną z najpowszechniej czytanych i najwybitniejszych książek z zakresu mądrości Wschodu, jakie dotąd opublikowano.

Z ujmującą szczerością, elokwencją i dowcipem Paramahansa Jogananda przedstawia inspirującą kronikę swojego życia – doświadczenia niezwykłego dzieciństwa, spotkania z wieloma świętymi i mędrcami podczas swoich młodzieńczych poszukiwań oświeconego nauczyciela, które prowadził w całych Indiach, dziesięć lat nauki w pustelni szanowanego nauczyciela jogi oraz trzydzieści lat życia, i nauczania w Ameryce. Opisuje również swoje spotkania z Mahatmą Gandhim, Rabindranathem Tagore, Lutherem Burbankiem, katolicką stygmatyczką Teresą Neumann i innymi słynnymi postaciami duchowymi Wschodu i Zachodu. Książka zawiera także obszerny materiał, który [Paramahansa Jogananda] dodał już po ukazaniu się w 1946 roku pierwszego jej wydania oraz końcowy rozdział o ostatnich latach jego życia.

Uznana za klasyczne dzieło współczesnej literatury duchowej, *Autobiografia jogina* wprowadza nas głęboko w starożytną naukę jogi. Została przetłumaczona na wiele języków i jest powszechnie studiowana w college'ach i uniwersytetach. Obecna stale na liście bestsellerów, książka znalazła sobie drogę do serc milionów czytelników na całym świecie.

„**Niebywała historia**". – *The New York Times*

„**Fascynujące i opatrzone klarownymi komentarzami studium**". – *Newsweek*

„**Nigdy dotąd nie napisano w języku angielskim ani w żadnym języku europejskim równie doskonałej prezentacji jogi**". – *Columbia University Press*

www.ingramcontent.com/pod-product-compliance
Lightning Source LLC
Chambersburg PA
CBHW031437040426
42444CB00006B/849